# Kribbelverse für Krabbelkinder

## SPIEL- UND BEWEGUNGSREIME ZUM WICKELN, ESSEN, TRÖSTEN, LACHEN

Verlag an der Ruhr

# Impressum


**Titel**

**Kribbelverse für Krabbelkinder**

*Spiel- und Bewegungsreime zum Wickeln, Essen, Trösten, Lachen*

**Autorin**

Tina Weiler

**Illustrationen**

Petra Lefin

**Verlag an der Ruhr**
Mülheim an der Ruhr
www.verlagruhr.de

**Geeignet für die Altersstufen 1–3**


**Unser Beitrag zum Umweltschutz**

Wir sind seit 2008 ein ÖKOPROFIT®-Betrieb und setzen uns damit aktiv für den Umweltschutz ein. Das ÖKOPROFIT®-Projekt unterstützt Betriebe dabei, die Umwelt durch nachhaltiges wirtschaften zu entlasten.
Unsere Produkte sind grundsätzlich auf chlorfrei gebleichtes und nach Umweltschutzstandards zertifiziertes Papier gedruckt.




**ISBN 978-3-8346-0635-8**

**Printed in Germany**

# Inhaltsverzeichnis



## Kribbelverse ...
### für Tagesphasen und besondere Momente



## Kribbelverse ...
### vor, während und nach den Essenszeiten

# Inhaltsverzeichnis

## Kribbelverse …
### vor, während und nach den Pflegezeiten

# Ein paar Worte vorab ...

Ein Kind ist geboren. Ein kleines Wunder, vor dem eine große Entwicklung liegt. Bis zur Vollendung des dritten Lebensjahres wird dieses kleine, neugierige Wesen zweibeinig durch die Welt stolpern, wird sich gut mit dem Wort verständigen können. Zahlen und Buchstaben werden klare Formen annehmen, der Löffel wird gehorchen und noch so viel mehr – **eine kleine Persönlichkeit wird sich entwickeln**. Doch bis dahin ist es noch ein weiter Weg, ein schöner Weg, den Sie, liebe Eltern und Erzieherinnen, Großeltern, Tagesmütter und Tagesväter und all die, die in der Betreuung kleiner Kinder involviert sind, begleiten dürfen.

Ganz klar: Begleiten heißt nicht nur da sein, füttern, wickeln, anziehen und all die anderen alltäglichen Dinge. **Begleiten heißt auch anregen, fordern und fördern, sensibilisieren, Horizonte öffnen sowie selbst offen sein für Neues.** Damit dies spielend und mit viel Freude gelingt, gibt es einen Trick: Verbinden Sie das Angenehme mit dem Nützlichen; singen, spielen, reimen und albern sie mit Ihrem Kind nicht nur in festgelegten Zeiten, sondern immer wieder ganz nebenbei.

Ich habe Ihnen dazu **in diesem Buch 30 Verse zusammengestellt**. Hier geht es um ein spielerisches Miteinander von Erwachsenem und Kind. Die Sensibilisierung für den eigenen Körper, Sprachentwicklung, Fein- und Grobmotorik, rhythmisches Gefühl und Koordination und Konzentration sind Lernschwerpunkte, die dabei auch angesprochen werden. Und selbstverständlich geht es dabei ebenso um **Vertrauen, Entspannung, Trösten, Kuscheln und Schmusen**.

Wie Sie vielleicht schon beim Durchblättern gesehen haben, sind die Kribbelverse in **drei Bereiche** geordnet:
Kribbelverse für Tagesphasen und besondere Momente, Kribbelverse für vor, während und nach den Essenszeiten sowie Kribbelverse für vor, während und nach den Pflegezeiten.
**Zu einigen Kribbelversen** habe ich Ihnen einen **Bewegungsvorschlag** gemacht. Sicher fällt Ihnen hier und da noch eine andere schöne Variante ein. Weiterhin

gibt es eine Angabe, ab wann das Spiel so, wie es im Buch steht, empfehlenswert ist. Doch letztendlich entscheiden Sie natürlich selbst, ob der Entwicklungsstand des Kindes, seine momentane Verfassung und die Situation günstig sind oder ob Sie lieber im Tempo, Sprachrhythmus und in der Intension eine andere Variante wählen und das Spiel für das Kind somit angenehmer machen.

Viele der Spiele sind auch mit einer **„mitwachsenden" Spielanregung** versehen. Das heißt, die Spielvorschläge sind für drei Entwicklungsstufen vorgesehen: anfänglich im Liegen, dann schon im Sitzen und später im Stand. Um ein Kind zu fördern, gehört es natürlich dazu, dass auch ein Bewegungsspiel sich mit dem Kind weiterentwickelt. Doch wenn das Kind das eine oder andere Spiel lieber in dieser oder jener Variante mag, ist das natürlich auch in Ordnung.

Am Ende finden Sie noch ein **Verzeichnis nach Lernschwerpunkten**, welches in vier Bereiche geteilt ist: Bewegungsanregung, Sensibilisierung, Fingerspiele und Sprachentwicklung. Dieses Verzeichnis soll Ihnen die Auswahl eines Kribbelverses erleichtern, wenn Sie Ihr Kind gezielt in einem Lernbereich fördern wollen.

In diesem Buch ist also allerlei dabei, um den Alltag mit den Kleinsten zu (er)leben. **Anfangs werden Sie die Texte sprechen, später wird das Kind vielleicht einstimmen, und noch einen Schritt weiter wird es die Texte vielleicht allein sprechen.** Lassen Sie sich Zeit. Sie wollen schließlich nicht für einen Wettkampf trainieren. Was heute auf Desinteresse stößt, kann morgen schon das Lieblingsspiel sein und umgekehrt. Auch Sie werden einige Spiele mehr mögen als andere. Gut, gehen Sie darauf ein, schließlich sind Sie der Spielpartner, und es soll auch Ihnen Spaß machen.

So, nun wünsche ich Ihnen viel Freude beim Ausprobieren!

*Tina Weiler*

# Eine gute Gelegenheit

## Liebe Eltern,

mit diesen kleinen Versen und Spielen können Sie sich und Ihrem Kind den Alltag „versüßen". Klang und Melodie Ihrer Stimme, die Berührungen und das (hoffentlich) viele Lachen, welche die Begleiter dieser Kribbelverse sind, werden Ihr Kind einstimmen, Rituale schaffen und außergewöhnliche Momente zaubern. Sie werden Ihr Kind mit neuen Dingen bekannt machen, und Bekanntes wird vielleicht in einem neuen Licht erscheinen.
In dieser ersten wichtigen Lebensphase können Sie so Ihr Kind begleiten und es vorbereiten: auf das Sprechen, auf das Entdecken des eigenen Ich und auf andere Menschen, denn bald wird es womöglich heißen: *Wer bist denn du?*

## Liebe Erzieherinnen, Erzieher und Tagesmütter,

*Wer bist denn du?* – In der Eingewöhnungsphase der Kita, Krippe oder bei Ihnen als Tagesmutter lernen das Kind und Sie sich immer besser kennen.
Es braucht etwas Zeit und Ruhe, damit das Kind Vertrauen aufbauen kann, sodass es sich bei Ihnen geborgen fühlt. Nehmen Sie sich diese wichtige Zeit, und bauen Sie einen intensiven Kontakt zueinander auf. Diese kleinen Kribbelverse sollen Sie dabei unterstützen.

**Gute Gelegenheiten für diese Kribbelverse gibt es viele:** Ist es nicht ein Anreiz, nach dem Aufwachen aus der kuscheligen Decke herauszukrabbeln, um im Spiegel nach seiner *Augenfarbe* zu sehen?
Oder beim Gesichtwaschen: Hier kann man gleich einmal genauer nachsehen, was eigentlich alles zu einem Gesicht dazugehört und wie das eigene Gesicht genau aussieht. Besonders aufregend ist es, wenn Sie mit dem Kind in Ihr gemeinsames Spiegelbild schauen und es das *Ich und Du* dann sogar zweimal gibt.

# Eine gute Gelegenheit

Das Zähneputzen ist im Übrigen auch eine gute Gelegenheit, sich einmal ausgiebig im Spiegel zu betrachten. Nehmen Sie dies zum Anlass, um genauer hinzusehen und das Kind für die Wahrnehmung der eigenen Person zu sensibilisieren.

Den *Fingertanz* oder ein anderes Fingerspiel können Sie sehr gut zum Zeitvertreib am Tisch spielen, z.B. vor dem Mittagessen: Während Sie mit den hungrigen Mäusen schon am Tisch sitzen und auf das Essen warten, der Papa/Ihre Kollegin aber noch das Essen auf die Teller gibt, können Sie schon einmal eine „bewegte Vorspeise" servieren.

Und nach dem Essen? Natürlich mag es nicht jeder *Mümmelbär*, wenn man ihm den Mund abwischen möchte. Mit dem einen oder anderen Vers wird er es nicht unbedingt mehr mögen, aber es wird garantiert lustiger.

Überhaupt sollen Ihnen diese Kribbelverse helfen, Alltagssituationen angenehmer und aufregender zu gestalten: Spielen Sie einen Kribbelvers, wenn Sie dem Kind nach dem Baden oder Planschen im Garten beim *Abtrocknen* helfen und vor Ihnen ein kleiner *Nackedei* sitzt, oder beim An- und Ausziehen, nach einem Tränchen ein *Trösterchen* oder auch um eine Wartezeit zu überbrücken und natürlich beim Wickeln.

Das Wickeln ist immer eine sehr schöne Gelegenheit, sich mit einem Kribbelvers viel Zeit zu nehmen und das Kind Ihre Nähe spüren zu lassen. Auch nach dem Wickeln, wenn das Kind sich in seiner frischen Windel wieder richtig wohlfühlt, kann ein Kribbelvers ein schöner Abschluss sein.

Für die Kribbelverse in diesem Buch gibt es also viele Möglichkeiten. Spielen Sie sie in bestimmten Situationen oder immer mal wieder zwischendurch, einfach, um Spaß zu haben. Ob beim Spielen oder beim Kuscheln, ob zum Wachwerden oder zum Träumen – diese kleinen Verse sorgen für gute Laune.
Ach ja, besonderen Spaß macht es natürlich, im Freien *hoch in die Luft* fliegen zu dürfen. Da kann sich das Kind selbst wie ein kleiner Vogel fühlen.

# Kribbelverse ...

# für Tagesphasen und besondere Momente

Für Kinder im Alter bis drei Jahre ist ein Tag noch so lang und auch im dritten Jahr manchmal noch nicht ganz überschaubar. Geben Sie ihnen Orientierung für den Tagesablauf, gestalten Sie die einzelnen Tagesphasen, seien Sie aufmerksam für all die kleinen besonderen Momente, angenehme wie weniger angenehme, und bauen Sie dadurch Vertrauen auf. Neben Regelmäßigkeit, Klarheit, Struktur gelingt dies mit Aufmerksamkeit und mit kleinen Ritualen. In diesem Kapitel finden Sie zehn Kribbelverse, die Ihnen helfen sollen, den Tag für die Kleinsten zu rhythmisieren und flexibel auf ihre persönlichen Bedürfnisse einzugehen, eben zehn kleine Möglichkeiten, um besondere Aufmerksamkeit zu schenken und kleine Rituale zu schaffen.

# Guten Morgen

## KRIBBELVERSE ...

**Entwicklungsstand:** *von Anfang an*
**Lernschwerpunkt:** *Sprachentwicklung*

Guten Morgen, kleine Maus,
schick den Schlaf zum Fenster raus.
Sag den Träumen „Auf Wiedersehen",
waren sie auch noch so schön.

Guten Morgen, kleine Maus,
schick den Schlaf zum Fenster raus.
Recke dich, und strecke dich,
lach einmal, dann freu ich mich.

Guten Morgen, kleine Maus,
schick den Schlaf zum Fenster raus.
Augen auf und raus aus dem Bett,
die Sonne wartet auf dem Fensterbrett.

## Tipp:

Dieser Wachwerd-Vers ist ein willkommenes Ritual zum Ankommen und Warmlaufen. Ermuntern Sie das Kind auch, selbst mitzumachen und seinen Schlaf zum Fenster hinauszuschicken. In der Form kann er auch ein schönes Begrüßungsritual im Morgenkreis sein.

Aber auch beim Aufwachen nach dem Mittagsschlaf können Sie diesen Vers sprechen, wenn Ihre Kinder Freude daran haben.

# Wer bist denn du?

## KRIBBELVERSE …

**Entwicklungsstand:** *von Anfang an*
**Lernschwerpunkt:** *Sensibilisierung*

Ei, mein hübsches Klitzeklein,
sag, wer magst du denn wohl sein?

Feine Öhrchen, Schnuppernase …
Nun, bist du vielleicht ein Hase?

Oder bist du doch ein Fisch?
Denn ein Fell, das hast du nicht.

Und dann bist du doch recht klein.
Wirst du wohl ein Mäuschen sein?
Nein!

Du bist vielleicht ein Hund? Ein Löwe? Eine Katze?
Zeig mal, hast du eine Tatze?

Oh, du hast ein kleines Händchen.
So ist das nämlich bei uns Menschen.
Ja, du bist ein Menschenkind.
Wie wir alle eines sind.

## So wird der Kribbelvers lebendig:

*Berühren Sie vorsichtig die einzelnen genannten Körperteile, streichen Sie über die Haare des Kindes, nehmen Sie die kleine Hand … Folgen Sie Ihren darstellerischen Impulsen. Wichtig ist, dass Sie hier eine Geschichte erzählen. Kann das Kind schon sprechen, wird es Ihnen folgen, wird Ihnen möglicherweise bei jeder Frage ein NEIN entgegenhalten oder möchte die Bewegungen bei Ihnen ausführen.*

## Tipp:

Bei diesem Spiel haben wir den Schwerpunkt der Sensibilisierung in der Bewegung, im Sprachinhalt und Sprachrhythmus, in der Lautstärke und insbesondere auch in der Körperwahrnehmung. Mit diesem Spiel sensibilisieren Sie das Kind für seinen eigenen Körper: Was gehört alles zu seinem Körper? Wie fühlt sich das an?

# Ich und du – du und ich

## KRIBBELVERSE …

**Entwicklungsstand:** *von Anfang an*
**Lernschwerpunkt:** *Sensibilisierung*

Die Ausgangssituation kann bei diesem Kribbelvers beliebig sein: Sie können sich gegenübersitzen oder stehen, oder Sie haben das Kind einfach auf dem Arm. So können Sie dieses Spiel dann auch schon mit ganz kleinen Kindern spielen.

Ich und du,
du und ich,
Nasenkuss für dich und mich.
*jeweils mit dem Finger auf sich und das Kind zeigen und am Ende die Nasen aneinanderreiben*

Du bist einer,
ich bin einer,
ohne uns, da wär hier keiner.
*jeweils auf sich und das Kind zeigen und sich am Ende suchend umschauen*

Du bist dort.
Ich bin hier.
Und zusammen, das sind wir.
*jeweils auf sich und das Kind zeigen und sich am Ende umarmen*

## Tipp:

Bei diesem Spiel haben wir den Schwerpunkt der Sensibilisierung in der Körperwahrnehmung. Das Erkennen der eigenen Person in Abgrenzung zu einer anderen Person steht im Vordergrund und ist eine ganz wesentliche Erfahrung, die man ruhig etwas „zelebrieren" kann.

# Der Spaziergang

## KRIBBELVERSE …

**Entwicklungsstand:** *von Anfang an*
**Lernschwerpunkt:** *Bewegungsanregung*

Die Ausgangssituation kann bei diesem Kribbelvers beliebig sein: Entweder liegt das Kind auf dem Rücken, oder es sitzt oder steht. Das hängt von der Situation und natürlich vom Entwicklungsstand des Kindes ab.

Herr Frosch trägt heute Wasserschuhe
mit sonnengelbem Rand.
Damit will er spazieren gehen
am feinen Badestrand.

Die Froschfrau trägt heut Froschhandschuhe
mit dünnen, roten Streifen.
Und einen Sonnenhut dazu
mit großen, blauen Schleifen.

## So wird der Kribbelvers lebendig:

**Im Liegen:** *Sie können in der ersten Strophe die Beine des auf dem Rücken liegenden Kindes bewegen und in der zweiten Strophe die Arme.*

**Im Sitzen:** *Sie können die Füße und Zehen des sitzenden Kindes bewegen und in der zweiten Strophe mit seinen Händen und Fingern arbeiten.*
*Sie können zur ersten Strophe mit Ihrem Zeige- und Mittelfinger den einen Arm oder ein Bein hochkrabbeln und in der zweiten Strophe jeweils die andere Seite bedienen.*

**Im Stand:** *Sie können mit dem Kind durch den Raum „spazieren“.*

## Variante:

Aus diesem Vers können Sie auch ein kleines Fingertheater machen.

## Tipp:

Ganz besonders spannend erscheint dieser Kribbelvers natürlich bei einem gemeinsamen Matscherlebnis im Freien oder zur Vorbereitung auf ein solches. Dann können die Kinder sich gleich selbst wie Herr Frosch fühlen, wenn sie mit ihren eigenen Gummischuhen durch die Pfützen spazieren.
Das Spiel wächst mit dem Kind mit. Entscheiden Sie (später auch gemeinsam), welche Möglichkeit gerade passend ist und worauf Sie Lust haben. Sicher fällt Ihnen auch noch eine weitere Variante ein.

# Mitzelplitzeln



**Entwicklungsstand:** *von Anfang an*
**Lernschwerpunkt:** *Sensibilisierung*

Die Ausgangssituation ist hier beliebig. Entscheiden Sie einfach nach der Situation, wann und wo Sie diesen Kribbelvers umsetzen möchten.

Kennst du schon die Mitzelplitzeln,
die am liebsten kitzeln, kitzeln?
Kitzeln dich mal hier, mal dort.
Kitzeln dich an jedem Ort.
Gönnen sich nicht Halt noch Rast,
damit du was zu lachen hast.

## So wird der Kribbelvers lebendig:

*Kitzeln Sie mit Ihren Zeige- und Mittelfingern über den kleinen Körper.*

## Tipp:

Bei diesem Spiel liegt der Schwerpunkt auf der Sensibilisierung. Das Kind merkt, dass Kitzeln nicht gleich Kitzeln ist. Das Ende ist besonders schön, wenn die „Mitzelplitzeln“ am Hals ihr Unwesen treiben.

Viele der Spiele in diesem Buch sind in zahlreichen Gelegenheiten möglich. Die Mitzelplitzeln eignen sich besonders zur Universalität: beim Warten auf den Bus, nach einer kleinen Streiterei, beim Wickeln, um auf andere Gedanken zu kommen, mal als intensives „Weckmanöver"...

**Kleiner Tipp für Sie:** Wenn Ihr Kind das Spiel schon kennt, gönnen Sie sich die spannungsvolle Langsamkeit für diesen Vers besonders und beobachten Sie die aufgeregte Spannung Ihres Kindes, wenn das Ende fast bevor steht ... Schon deshalb sind die Mitzelplitzeln eines meiner Lieblingsspiele.

# Sommerferien

## KRIBBELVERSE ...

**Entwicklungsstand:** *von Anfang an*
**Lernschwerpunkt:** *Sprachentwicklung*

Für Sommersehnsüchte, nicht nur an Regentagen:

Roter Bikini, Tortellini
und Makkaroni im Café Toni,
Mittagsschläfchen, Brot und Vino,
Erdbeereis und Strand und Kino,
gegrillte Tomaten, Sand in den Taschen,
die Nase im Wind und Limo aus Flaschen,
Füße im Wasser, Papi pfeift ein Lied,
Sommer, bring Sonne und die Ferien gleich mit.

## So wird der Kribbelvers lebendig:

*Spielen Sie beim Sprechen mit Ihrer Stimme und mit der Betonung. Das Kind lauscht Ihrem Tonfall und spürt die Stimmung, die Sie mit diesem kleinen Vers vermitteln.*

## Tipp:

Verregnete Frühlingstage oder ein matschiger Einkaufsweg sind bestens geeignet für diesen kleinen Vers. Mit einem warmen Tee am Fenster stehend und die Schneeflocken beobachtend – oder beim wiederholten Gang zur Taschentuchbox ...

Und außerdem: Mit diesem kleinen Vers fördern Sie das Sprachbewusstsein des Kindes: Die italienisch anmutenden Klänge mit den vielen -inis und -onis und -inos lassen das Kind auflauschen und sorgen für Unterhaltung.

# Der Stein

## KRIBBELVERSE ...

**Entwicklungsstand:** *wenn das Kind selbstständig zufassen kann*
**Lernschwerpunkt:** *Sprachentwicklung*

Diesen Vers können Sie sprechen, wenn Sie gemeinsam mit dem Kind auf Naturerkundung gehen.

Auf einer Wiese lag ein Stein,
hatte weder Füße noch ein Bein,
auch keine Arme und keinen Kopf.
Was für ein armer, armer Tropf.

Ich nahm ihn mit zu mir nach Haus.
Jetzt schaut er aus meinem Fenster raus.
Ich singe täglich ihm was vor.
Obwohl, er hat ja auch kein Ohr ...

Doch glaub ich trotzdem fest daran,
dass mich mein Steinchen hören kann.
Und sehen kann mein Stein mich auch.
Ich kitzle zärtlich seinen Bauch.
Erzähl ihm dies, erzähl ihm das.
Ein Stein als Freund – das ist schon was!

## Tipp:

Kinder lieben es, spazieren zu gehen und Dinge zu sammeln. Es gibt so vieles zum Anfassen und Aufheben, z.B. Stöcke, Blätter, Steine, Blümchen, Schneckenhäuser. Diesen Vers können Sie sprechen, wenn das Kind draußen beim Spazierengehen einen Stein gefunden hat und ihn Ihnen stolz präsentiert.

Wenn die Gruppe sich gerade mit dem Thema *Steine* beschäftigt, könnte dieser Vers eine schöne Zugabe sein. Wenn Sie nicht spazieren gehen können, macht dieser Spruch auch zu Hause Spaß. Vielleicht haben Sie einen Stein zum Zeigen, oder Sie nutzen Ihre Faust. Natürlich kann man auch vorher einen Stein basteln (z.B. aus Pappmaschee, Knete, Salzteig ...).

Mit diesem kleinen Vers begleiten Sie das Kind bei seinen Erkundungen in der Natur. Sammeln Sie gemeinsam unterschiedliche Steine, und schauen Sie sie sich zusammen an. Was sind das für Gebilde? Wie sehen sie aus? Worin unterscheiden sie sich? Wie fühlen sie sich an? Damit fordern Sie das Kind dazu auf, genau hinzusehen, und sensibilisieren es für die unterschiedlichen Oberflächen von Steinen.

# Affe auf Giraffe?

## KRIBBELVERSE ...

**Entwicklungsstand:** *wenn das Kind sitzen kann*
**Lernschwerpunkt:** *Bewegungsanregung*

Dieser Kribbelvers funktioniert am besten, wenn Sie beide sitzen.

Auf einer großen Giraffe
sitzt schon ein Weilchen
ein kleiner frecher Affe
und baumelt mit den Beinchen.
*Beine baumeln lassen*

Giraffenbeine staksen
durchs feuchte Morgengras.
Wenn sie nicht so lang wären,
wären Äffchens Füße nass.
*große Bewegungen mit den Beinen machen*
*(wie langsames, imaginäres Fahrradfahren)*

## Variante:

Machen Sie doch selbst auch einmal ein kleines „Affe-auf Giraffe“-Spiel: Sie spielen die Giraffe und knien auf allen vieren auf einer weichen Unterlage. Schafft das kleine Äffchen es, auf die Giraffe hinaufzuklettern und mit den Beinen zu baumeln?

**Achtung:** Bei diesem Spiel wird der Gleichgewichtssinn des Kindes gefordert. Diese Variante sollten Sie nur mit Kindern spielen, die schon sicher laufen und schon ganz gut klettern können. Achten Sie aber dennoch darauf, dass Sie sich nicht ruckartig bewegen und das Kind von Ihrem Rücken herunterfällt, weil es nicht mit einer Bewegung gerechnet hat.

# Trösterchen

## KRIBBELVERSE …

**Entwicklungsstand:** *von Anfang an*
**Lernschwerpunkt:** *Sprachentwicklung*

Wenn Sie das Trösterchen mit sanfter Stimme sprechen und das Kind dabei geborgen auf Ihrem Schoß oder auf dem Arm halten, kann es Wunder wirken. Nehmen Sie sich dazu einen Moment Ruhe und Zweisamkeit mit dem Kind.

Ich schenke dir einen kleinen Huschelwuschel.
Er huschelt sich ganz achtsam in dein weiches Haar,
wandert langsam zu deinem kleinen Hals und kitzelt dich,
ganz vorsichtig, bist du aufgehört hast zu weinen.

Ich schenke dir einen kleinen Kuscheltuschel.
Er kuschelt sich ganz liebevoll in deine kleine Hand,
wandert langsam, tippeltappel, tippeltappel, zu deinem kleinen Hals
und kitzelt dich, ganz vorsichtig, bist du aufgehört hast zu weinen.

Ich schenke dir einen kleinen Streichelschmeichel.
Er schmeichelt sich ganz zart an deine kleine Wange,
wandert langsam zu deinem kleinen Hals und kitzelt dich,
ganz vorsichtig, bist du aufgehört hast zu weinen.

Ich wünsche mir, dass du wieder lachst und Sonne in deinen Augen hast.

## So wird der Kribbelvers lebendig:

*Die drei Geschenke (Huschelwuschel, Kuscheltuschel, Streichelschmeichel) sind Ihre Hand. Diese wandert langsam von den benannten Körperpartien immer wieder zum Hals. Am Ende können Sie das Kind drücken oder seine Hände in die eigenen nehmen. Entscheiden Sie dies je nach Situation.*

## Variante:

Sie können aber auch drei verschiedene weiche Materialien, z.B. ein weiches Tuch oder einen Wattebausch, gebrauchen, mit denen Sie das Kind sanft streicheln und beruhigen können. Sie werden wissen, wie es das Kind besonders mag.

## Tipp:

Körperliche Nähe und Berührungen wirken in solchen Momenten besonders beruhigend und stärken das Vertrauen des Kindes.

# Ruh dich aus

## KRIBBELVERSE …

**Entwicklungsstand:** *von Anfang an*
**Lernschwerpunkt:** *Sprachentwicklung*

1. Ruh dich aus, kleine Maus.
   Lege dich zur Ruh.
   Ruh dich aus, kleine Maus.
   Mach die Augen zu.

2. Ruh dich aus, ruh dich aus,
   und die Zeit bleibt stehn.
   Nur um dir, kleine Maus,
   beim Schlafen zuzusehn.

3. Ruh dich aus, kleine Maus.
   Lege dich zur Ruh.
   Ruh dich aus, kleine Maus.
   Mach die Augen zu.

4. Ruh dich aus, ruh dich aus,
   und die Welt steht still.
   Weil sie dich, kleine Maus,
   nicht beim Schlafen stören will.

## So wird der Kribbelvers lebendig:

*Sprechen Sie den Vers langsam und mit leiser Stimme. Vielleicht streichen Sie dabei sanft über den Kopf und den Körper des Kindes, bis es zur Ruhe kommt und einschläft.*

## Tipp:

Mit diesem kleinen Kribbelvers können Sie die Ruhephase nach einem bewegten Vormittag einläuten und das Kind behutsam in den Schlaf begleiten. Geben Sie dem Kind Zeit, in den eigenen Körper hineinzufühlen und die Müdigkeit zu spüren, ihr nachzugeben.

# Kribbelverse …

## vor, während und nach den Essenszeiten

Essen!
In den ersten drei Jahren eines Menschenkindes spielen die Essenszeiten eine besondere Rolle. Die Anzahl der Mahlzeiten und auch WAS es zu essen gibt, verändern sich wohl nie wieder so sehr, und vielleicht sind Essenszeiten auch nie wieder so wichtig.
Erst kann man noch dabei liegen, man wird im Arm gehalten, später sitzt man, und dann hält man selbst den Löffel in der Hand. Da heißt es, lauthals auf sich aufmerksam zu machen, zu warten, weil irgendetwas noch nicht warm oder kühl genug ist, schmecken, schmatzen, schlucken, spucken und sich am Ende wohltuend auf den Rücken klopfen zu lassen. Es heißt aber auch Freude und Abneigung, Probieren und Experimentieren, Erkunden und Entdecken – Essenszeiten sind eben auch Lernzeiten. Diese können Sie nutzen – davor, dabei und danach.

In diesem Kapitel finden Sie zehn Kribbelverse, die Ihnen diese „Lernzeiten" kreativ bereichern, die Wartezeiten erleichtern und die Mümmelbären erträglicher machen sollen. Als zweifache Mutter fand ich immer, dass die Essenszeiten besonders meine Kreativität forderten: Wenn es nicht schmeckte, wenn es nicht schnell genug ging, wenn es der falsche Löffel war …
Viele der Reime sind in diesen Situationen entstanden und haben einiges erleichtert. Ich hoffe, sie helfen auch Ihnen.

# Das Butterbrot

## KRIBBELVERSE ...

**Entwicklungsstand:** *von Anfang an*
**Lernschwerpunkt:** *Sensibilisierung*

Wichtig ist bei diesem Vers, dass das Kind bequem auf einer Matte oder einem Kissen liegen kann, um sich vollkommen auf das Spiel einlassen zu können.

Vor mir liegt auf dem Schneidebrett
eine frische Scheibe Brot – wie nett!
*mit beiden Händen über den Körper des Kindes streichen*

Noch etwas Butter drauf ... Hmmm!
*mit einer Hand die Butter streichen*

Noch etwas Salz ... Hmmm!
*mit den Fingerspitzen auf den Körper klopfen,*
*als ob Salzkörner auf das Brot rieseln*

Und jetzt beiß ich ab! Hamm!
*vorsichtig und liebevoll „zubeißen"*

## Tipp:

Dieses Spiel hat etwas Spitzbübisches: Es lebt von der Spannung, die durch das Sprachtempo aufgebaut wird. Lassen Sie sich also Zeit – lassen Sie das kleine Butterbrot etwas zappeln, bevor Sie „zubeißen".

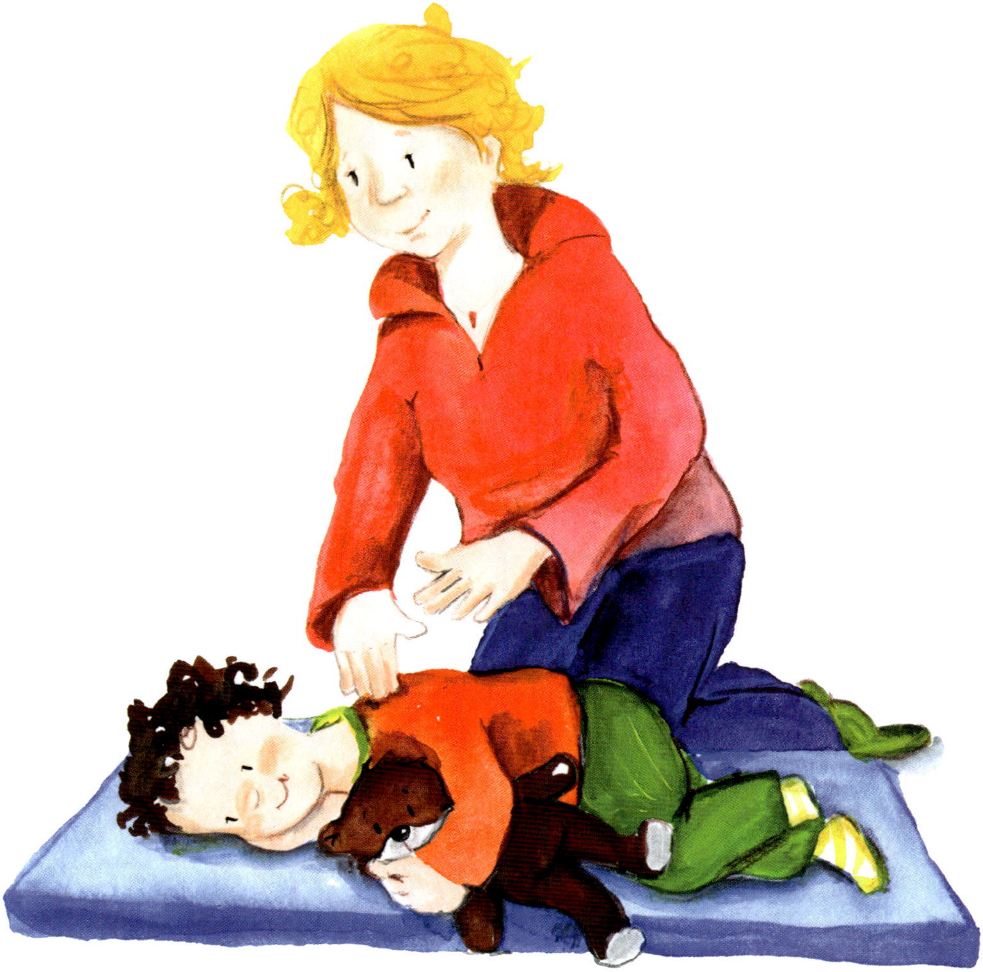

# Alle Pflänzchen

## KRIBBELVERSE …

**Entwicklungsstand:** *von Anfang an*
**Lernschwerpunkt:** *Sprachentwicklung*

Halten Sie das Kind im Arm oder auf dem Schoß.

Bäumelein, Sträucher klein,
Blätter, Knospen, Blüten fein.
Alle Pflänzchen brauchen Wasser,
um zu wachsen, zu gedeih'n.
Gelbe Felder, grüne Wiesen,
alle Pflänzchen muss man gießen.

Auch ein kleines Menschenkind
wird es wohl genießen.

## Tipp:

Beim Stillen oder auch für das Trinken aus der Flasche ist dieser Vers natürlich sehr geeignet, um die Essenszeit als sinnliches Erlebnis zu gestalten.
Doch wenn Sie schon einmal einem hungrigen kleinen Fratz die Flasche zubereitet haben und es ging nicht schnell genug oder es war noch zu heiß … dann hoffe ich, dass Ihnen auch in eben jener Situation dieser oder ein anderer Spruch so nützlich sein wird wie mir. Ablenkung heißt hier das Zauberwort.

# Kuchenkrümel

## KRIBBELVERSE …

**Entwicklungsstand:** *ab dem ersten Keks*
**Lernschwerpunkt:** *Sensibilisierung*

Nanu, auf deiner Schulter liegt ein Krümel.
*einen imaginären Krümel von der Schulter des Kindes nehmen*

Hmm, der schmeckt nach Apfelkuchen.
*diesen in den Mund stecken und schmecken*

Hier, auf deinem Bauch liegt noch einer.
*einen imaginären Krümel vom Bauch nehmen*

Lass mich den auch mal versuchen.
*diesen ebenfalls kosten*

Und da, auf deiner Nase …
Und hier, auf deinem Knie …
*Wiederholung von Nase und Knie*

Ich glaube, so süß riechst du sonst nie.
*am Kind riechen*

Sag mal, warst du vielleicht beim Kuchenbäcker?
Dort riecht es auch immer so lecker.
Hast dir ein Stück Kuchen gemopst
und bist schnell aus dem Fenster gehopst?
*fragend, vielleicht mit erhobenem Zeigefinger sprechen*

Hast du auch an mich gedacht
und mir ein Stückchen mitgebracht?
*schmeichelnd fragen*

## Tipp:

Nach dem Essen oder im Bad vor dem Spiegel (so geben Sie dem Kind die Möglichkeit, im eigenen Spiegelbild zu suchen) ist dieses Spiel besonders gut platziert. Sie können es aber auch gut spielen, wenn das Kind unruhig oder ungeduldig wird, weil es z.B. auf etwas wartet. Erfinden Sie diesen imaginären Kuchenkrümel doch einmal, wenn das Kind darauf wartet, von Mama oder Papa abgeholt zu werden. Besonders aufregend ist es natürlich, wenn Sie den Kuchenkrümel ganz unvermittelt „aus dem Nichts" heraus auf dem Kind entdecken.

Mit diesem Spiel haben Sie die Möglichkeit, ein Kind aus der Gruppe bewusst in den Mittelpunkt zu setzen und ihm so besondere Aufmerksamkeit zukommen zu lassen.

# Schnick, schnack, schnunzel

## KRIBBELVERSE …

**Entwicklungsstand:** *von Anfang an*
**Lernschwerpunkt:** *Sprachentwicklung*

Dieser Spruch ist allen kleinen Dreckspatzen gewidmet:

Schnick, schnack, schnunzel,
ich bin doch nicht Rapunzel.
Haare kämmen mag ich nicht.
Auch wasch ich ungern mein Gesicht.

Meine Hände bleiben dreckig,
und mein T-Shirt mach ich fleckig.
Schwarze Nägel, gelbe Zähne,
Mund weit offen, wenn ich gähne.

Ich mag es nicht, wenn man mich putzt.
Schau auch du nicht so verdutzt.
Und ich weiß, dass ich gefalle,
denn einen Dreckspatz mögen alle.

Oder?

## So wird der Kribbelvers lebendig:

*Während Sie den Vers sprechen, können Sie immer auf die besagten Flecken und Körperstellen deuten. Und begleiten Sie den Vers mit einem intensiven Mienenspiel, ausgeprägter Gestik und passender Betonung beim Sprechen. Ich kenne bisher kein Kind, bei dem am Schluss dieses Spruches keine schelmische Freude (sogar etwas Faszination) in den kleinen Augen zu entdecken gewesen wäre.*

## Tipp:

Gestalten Sie den Vers als Frage-Antwort-Spiel. Ab etwa zwei bis zweieinhalb Jahren macht es den Kindern besonders viel Spaß, wenn Sie es so mit einbeziehen. Sprechen Sie den Vers, und geben Sie dem Kind Zeit, auf die einzelnen Versinhalte zu reagieren.

# Deine Augenfarbe

## KRIBBELVERSE …

**Entwicklungsstand:** *von Anfang an; doch erst, wenn sich das Kind im Spiegel erkennt, macht das gemeinsame Suchen einen Sinn.*
**Lernschwerpunkt:** *Sensibilisierung*

Die Ausgangssituation ist beliebig. Besonders ältere Kinder haben viel Spaß an diesem kleinen szenischen Kribbelvers. Lassen Sie Ihrem theatralen Ausdruck also freien Lauf.

Deine Augen sind blau,
das weiß ich genau.

Oder sind sie braun?
Darf ich mal schauen?
Vielleicht sind sie aber doch rot? Oder gelb? Oder grün?

Lass uns mal schnell mit dem Spiegel nachsehen!

## So wird der Kribbelvers lebendig:

*Machen Sie es bei diesem Kribbelvers etwas spannend und geheimnisvoll. Schauen Sie dem Kind, während Sie den Vers sprechen, tief in die Augen. Passen Sie Ihre Stimme und Ihre Mimik den einzelnen Verszeilen an.*

## Tipp:

Dies ist ein Vers, mit dem man das Kind natürlich auf seine besonderen Merkmale, aber auch auf die Unterschiede zu anderen Menschen aufmerksam machen kann. Gut geeignet ist dieser Spruch ebenfalls in der Auseinandersetzung mit dem Thema *Farben*.

# Mümmelbär

## KRIBBELVERSE …

**Entwicklungsstand:** *von Anfang an*
**Lernschwerpunkt:** *Sprachentwicklung*

Meinem Sohn war es anscheinend zu langweilig, dass ich ihm seinen Brei einfach nur in den Mund schob. Jedenfalls machten seine Verrenkungen und Tonbildungen allen Anschein danach. Wenn ich mit ihm dabei sprach, gefiel es ihm besser, und mit diesem kleinen Spruch war es fast eine Freude, ihn zu füttern.

Hey, du kleiner Mümmelbär,
dreh mir mal dein Mäulchen her.
Mach das Schnäuzchen auf und zu,
wirst du groß und stark im Nu.

Natürlich wird man nur durch Essen nicht „groß und stark“. Meinem Sohn war das egal. Er liebte das „Mümmel“ und „Mäulchen“ und „Schnäuzchen“ …

## Tipp:

Die Kürze dieses Verses macht langes Lernen überflüssig, und bei der „Raubtierfütterung“ müssen Sie ja auch auf viele andere Dinge achten, doch dieser Vierzeiler birgt auch den Nachteil, dass er schnell zu Ende ist. Variieren Sie die Wiederholungen: mal langsam, mal fröhlich, brummend, „löffelfliegend“, fragend oder bestimmt.

# Finger mein, Finger mein

## KRIBBELVERSE …

**Entwicklungsstand:** *von Anfang an*
**Lernschwerpunkt:** *Feinmotorik*

Halten Sie Ihre Hände hinter dem Rücken versteckt.

Finger mein, Finger mein,
wollt ihr nun wohl artig sein?
*die Hände hinter dem Rücken lassen*

NEIN!!!
*die Hände nach vorne nehmen und die Finger wild zappeln lassen*

Ratsche, rutsche, ritsch,
wir trommeln auf den Tisch.
Wir pieksen in die Luft hinein
und kitzeln dich am Nasenbein.
Schnell auf die Stirn getupft
und an dem Ohr gezupft.
Ratsche, rutsche, ritsch,
du findest uns ja nicht.
*Bei „Ratsche, rutsche, ritsch“ mit den Händen die Luft durchschneiden, ansonsten den Angaben im Reim folgen; am Ende die Hände wieder hinter dem Rücken verstecken.*

## Tipp:

Besonders das akzentuierte Sprechen sensibilisiert die Kinder für den Sprachrhythmus. Ermuntern Sie die Kinder, mitzumachen. Dieses Spiel ist umso lustiger, wenn man es in der Gruppe spielt und gleich 30 oder 40 Finger unartig zappeln. Bauen Sie Spannung bei den Kindern auf, indem Sie Ihre Finger einen Moment länger hinter dem Rücken lassen und sehr geheimnisvoll tun, was die Finger angestellt haben könnten. Danach können die Finger umso wilder ihr Unwesen treiben. Besonderen Spaß macht es, wenn man ordentlich Tempo in das Spiel bringt. Dazu müssen Sie schnell und akzentuiert sprechen und Ihre Bewegungen dem Sprachtempo anpassen. Schaffen es die Kinder, bei dem Tempo mitzuhalten? Ganz egal, ein Fingersalat sorgt fast für noch mehr Spaß.

# Fingertanz

## KRIBBELVERSE …

**Entwicklungsstand:** *von Anfang an*
**Lernschwerpunkt:** *Feinmotorik*

Dieses Spiel ist in der Gruppe besonders schön.

Meine Finger gehen heute tanzen.
Alle tanzen sie den gleichen Tanz.
Meine Finger gehen heute tanzen.
Jeder Finger, auch der Kleinste, kann's.

*die geöffneten Hände hin und her bewegen, als wenn sie tanzen*

Pass auf!

*Nun bitte die Finger lustig tanzen lassen:*
*Sie können sich etwas Komisches, Lustiges ausdenken.*
*Die Bewegungen der Finger und Hände können symmetrisch, unsymmetrisch, rund, eckig, fließend, akzentuiert … sein.*
*Die Stimme sollte Ihre Aktionen begleiten, z.B. mit „Schubidu, trallala, babdua“ … Lassen Sie Ihrer Fantasie und Freude freien Lauf.*

Meine Finger waren heute tanzen.

*beide Hände halten, ohne sie zu bewegen*

Doch am Ende kam der Abschiedskuss.

*mit den Fingerspitzen der rechten Hand kurz die Fingerspitzen der linken Hand berühren*

Meine Finger waren heute tanzen.
Weil ein jeder mal nach Hause muss!

*die Hände langsam hinter dem Rücken verschwinden lassen, als ob sie nach Hause gehen*

## Tipp:

Dieses Fingerspiel sorgt mit seinem „schubidu, trallala, babdua" sicher für den einen oder anderen Lacher und regt die Kinder zum Mitmachen an. Ob am Tisch oder im Morgenkreis ...

Ermuntern Sie die Kinder, ihre Finger mittanzen zu lassen. Es ist umso lustiger, wenn plötzlich 50 oder 60 Finger wild tanzen. Welchen Fingern fallen die ausgefallensten Tanzvarianten ein? Lassen Sie die Kinder mit ihren Fingern experimentieren. Das macht Spaß und fördert ihre Feinmotorik.

# Bauer und Bäuerin

## KRIBBELVERSE …

**Entwicklungsstand:** *von Anfang an*
**Lernschwerpunkt:** *Feinmotorik*

Ein Hühnerei,
*rechte Hand zur Faust ballen*

ein Ahornblatt
*rechte Hand flach auf eine Fläche legen*

und eine hohe Mauer,
*rechte Hand mit der Außenkante als „Mauer“ auf eine Fläche stellen*

den Entenstall,
*mit der rechten Hand ein spitzes Dach formen*

das Regenfass,
*die rechte Hand rund machen, als ob Sie ein Rohr umgreifen*

dies sieht der dicke Bauer,
wenn er in seinem Garten sitzt
und zufrieden mit den Augen blitzt.
*rechte Hand zur Faust ballen und den Daumen nach oben strecken (dieser ist der Bauer)*

Einen großen Stein,
*linke Hand zur Faust ballen*

ein Erdbeerbeet
*linke Hand flach auf eine Fläche legen*

und einen Zaun mit Löchern drin,
*linke Hand mit der Außenkante als „Mauer“ auf eine Fläche stellen*

das Vogelhaus,

*mit der linken Hand ein spitzes Dach formen*

den Blumentopf,

*die linke Hand rund machen, als ob Sie ein Rohr umgreifen*

dies sieht die dicke Bäuerin,
wenn sie an ihrem Fenster sitzt
und zufrieden mit den Augen blitzt.

*linke Hand zur Faust ballen und den Daumen nach oben strecken (dieser ist die Bäuerin)*

# Auf dem Dach

## KRIBBELVERSE …

**Entwicklungsstand:** *von Anfang an*
**Lernschwerpunkt:** *Feinmotorik*

Ein Frosch und ein Spatz
*erst den einen und dann den anderen Zeigefinger heben*

saßen auf einem Dach.
*mit den Händen ein spitzes Dach formen*

Der Frosch rutschte runter.
*eine „Dachhälfte" wegrutschen lassen*

Der Spatz flog ihm nach.
*die andere „Dachhälfte" wegfliegen lassen*

Unten angekommen,
da wunderten sie sich sehr.
Wie kam der Frosch aufs Dach?
*wieder beide Zeigefinger heben und diese hin und her bewegen*

Sie wussten es nicht mehr.
*fragend die Hände öffnen, mit den Handflächen nach oben*

## Tipp:

Lassen Sie das „Dach" auf einem immer höheren Gebäude sein, so rutscht der Frosch immer tiefer, die Abstände, denen das Kind folgen muss, werden größer und spannender.

# Kribbelverse …
# vor, während und nach den Pflegezeiten

Wickeln, waschen, baden, cremen, kämmen … Nehmen Sie sich Zeit, um diese notwendigen Pflegezeiten als bedeutungsvolle Nähezeiten zu gestalten und nicht nur körperliche Bedürfnisse zu befriedigen.

In den ersten Monaten bieten diese Momente der Zweisamkeit wohl die intensivsten Möglichkeiten, Vertrauen aufzubauen und, durch die Konzentriertheit der Situation, physische und psychische Nähe spürbar zu machen. Sie sind aber auch gut geeignet, um zur Bewegung anzuregen und dem Kind über die Sensibilisierung ein Gefühl für seinen Körper zu geben.

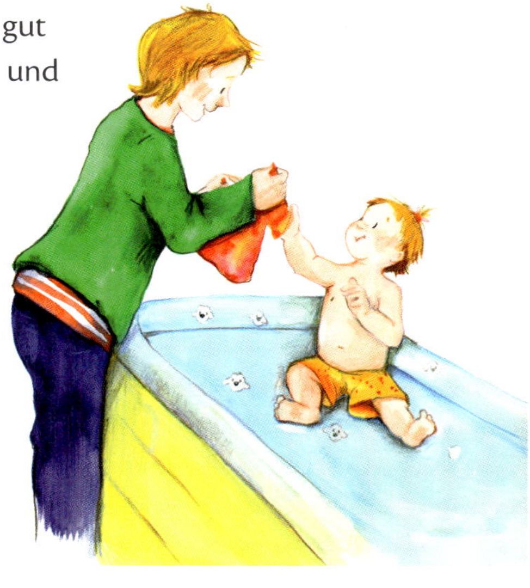

In diesem Kapitel finden Sie zehn Kribbelverse, die Ihnen helfen sollen, Pflegezeiten für das Kind als lustvolles, sinnliches Erlebnis zu gestalten und zu intensiven Momenten voller Geborgenheit und Zuwendung werden zu lassen.

# Abtrocknen!

## KRIBBELVERSE ...

**Entwicklungsstand:** *von Anfang an*
**Lernschwerpunkt:** *Sprachentwicklung*

Das Kind sitzt nach dem Planschen zum Abtrocknen auf dem Wickeltisch.

Bitte sehr, Handtuch her!
Die Rubbelei beginnt.
Haare kuscheln, Haare wuscheln,
Ohren, Augen ... sauberes Kind.
Hals und Arme, auch darunter,
und der kleine dicke Bauch.
Schultern, Rücken und den Popser,
eins, zwei Beinchen auch.

Dann am Ende nicht vergessen,
jede kleine Zehe zählen.
Nicht, dass nach dem großen Planschen
ein paar von den Guten fehlen ...
1, 2, 3, 4, ...

## So wird der Kribbelvers lebendig:

Trocknen Sie das Kind in der Reihenfolge der genannten Körperpartien ab, und sprechen Sie den Vers dabei. Am Ende halten Sie inne und kündigen mit sehr wichtiger Miene das Zehenzählen an, bevor Sie ganz zum Schluss alle Zehen langsam zählen.

## Tipp:

Achten Sie darauf, dass das Abtrocknen nicht gehetzt abläuft, nur weil die nächste Zeile schon ansteht. Nehmen Sie sich ruhig etwas Zeit, und sprechen Sie den Vers lieber etwas langsamer, dafür aber bewusst. Sie können die einzelnen Zeilen auch mehrmals sprechen, bis Sie die besagten Körperteile fertig abgetrocknet haben.

# Nackedei, Nackedei

## KRIBBELVERSE ...

**Entwicklungsstand:** *von Anfang an*
**Lernschwerpunkt:** *Bewegungsanregung*

Dieser Kribbelvers funktioniert am besten, wenn das Kind auf dem Rücken liegt.

Nackedei, Nackedei,
Beine strampeln, 1, 2, 3,
*die Beine des Kindes bewegen*

Arme auf und zu im Nu,
*die Hände des Kindes fassen, seine Ärmchen seitlich öffnen, dann über der Brust kreuzen und wieder öffnen*

hoch und runter immerzu,
*die Arme des Kindes zweimal nach oben und dann nach unten führen*

Zehen an das Näschen klein,
*die Füße des Kindes fassen und diese vorsichtig zu seiner Nase führen*

Rolle, rolle, das ist fein.
*die eigenen Unterarme rechts und links neben das Kind legen, sie fest an die Seiten des Kindes drücken und es langsam über den Rücken hin und her rollen*

## Tipp:

Passen Sie bitte die Bewegungen im Tempo und in der Intensität dem Entwicklungsstand des Kindes an.

# Eine kleine Straßenbahn

## KRIBBELVERSE ...

**Entwicklungsstand:** *von Anfang an*
**Lernschwerpunkt:** *Bewegungsanregung*

Je nach Entwicklungsstand des Kindes und Ihren Ausführungsmöglichkeiten kann die Ausgangssituation beliebig sein: Das Kind liegt auf dem Rücken, oder es sitzt oder steht.

Eine kleine Straßenbahn
fährt heut mal nach Obertrasten.
Am Morgen ist sie abgefahr'n,
am Mittag will sie rasten.
Doch abends möchte sie doch sein
unter ihrem Sterne.
Daheim ist eben doch daheim.
Und am Tag gehts ab in die Ferne.

## So wird der Kribbelvers lebendig:

**Auf dem Rücken:** *mit den Beinen des Kindes „Fahrrad fahren"*

**Im Sitzen:** *von hinten die Ellenbogen des Kindes fassen und diese im Wechsel vor- und zurückführen, wie bei einer alten Dampfeisenbahn*

**Im Stand:** *mit dem Kind durch den Raum „reisen", jeder für sich oder als Straßenbahn mit Hänger*

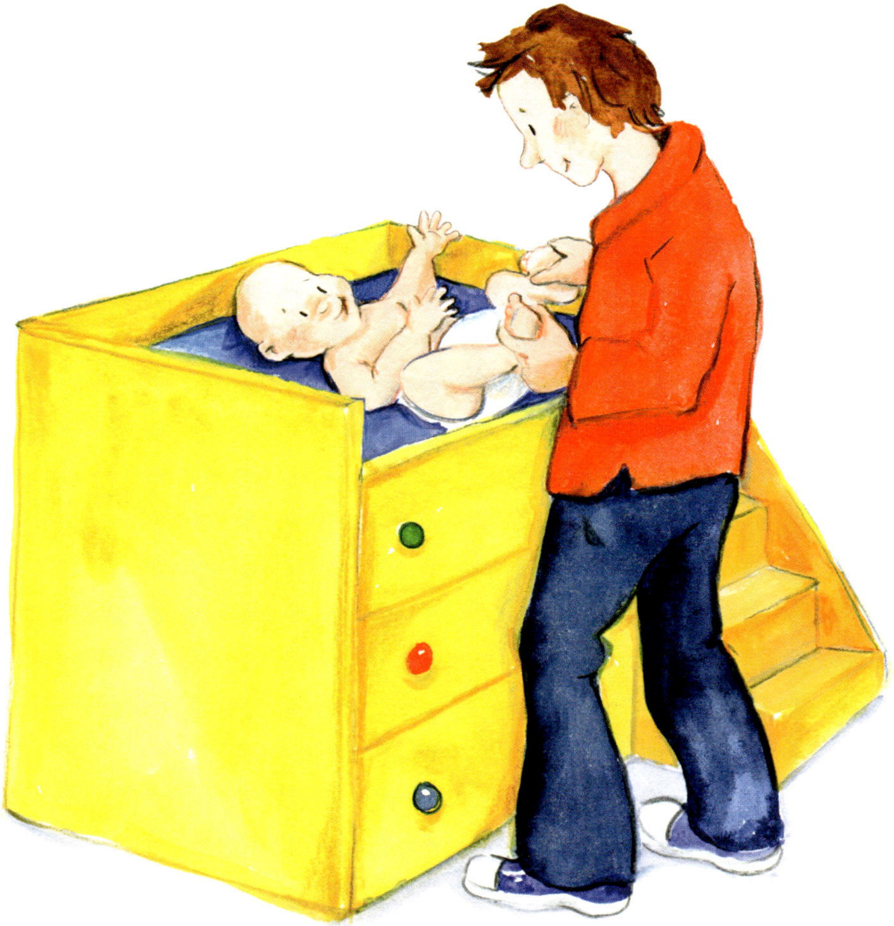

## Tipp:

Das Spiel wächst mit dem Kind mit. Entscheiden Sie (später auch gemeinsam), welche Möglichkeit gerade passend ist. Sicher fällt Ihnen auch noch eine weitere Variante ein.

# Hin und her

## KRIBBELVERSE …

**Entwicklungsstand:** *von Anfang an*
**Lernschwerpunkt:** *Bewegungsanregung*

Je nach Entwicklungsstand des Kindes und Ihren Ausführungsmöglichkeiten kann die Ausgangssituation beliebig sein: Das Kind liegt auf dem Rücken, oder es sitzt oder steht.

Hin und her ist nicht schwer.
Hoch und runter, schau mal her.
Auf und zu, ohne Ruh.
Vor und rück, immer zu.

Kurze Pause. Bitte sehr.

Durcheinander, kreuz und quer.

## So wird der Kribbelvers lebendig:

*Dieses Spiel ist speziell zur Bewegungsanregung der Extremitäten gedacht. Auf jede Reimzeile kann man diese zweimal in die entsprechende Richtung bewegen. Die fünfte Zeile bietet Raum für die „Ruhe vor dem Sturm", um in der letzten Zeile beide Arme oder beide Beine wild durcheinanderzubewegen.*

## Tipp:

**Auf dem Rücken:** *Die Anweisung RÜCK geht von VOR in die Ausgangssituation zurück.*

**Im Sitzen:** *Hier wird es mit den Beinen etwas schwer. Vielleicht beschränken Sie sich nur auf die Füße.*

**Im Stehen:** *die Beine im Wechsel bewegen oder sich den gesamten Spruch erst auf ein Bein und dann auf das andere Bein beschränken*

# Flohwanderung

## KRIBBELVERSE ...

**Entwicklungsstand:** *von Anfang an*
**Lernschwerpunkt:** *Sensibilisierung*

Das Kind liegt ausgestreckt auf dem Rücken.

Ein Floh ist auf einer langen Straße gefahren,
*mit dem Zeigefinger auf dem rechten Arm des Kindes von seinen Fingerchen bis zur Schulter nach oben „fahren"*

hat beschwerlich bestiegen einen Berg,
*mit Zeige- und Mittelfinger von der Schulter über die Brust bis zum Bauchnabel des Kindes „wandern"*

ist dann einen holprigen Weg gegangen.
*mit dem Zeigefinger von der rechten Hüfte über das rechte Knie bis zum Fuß des Kindes „stolpern"*

Dort traf er einen Zwerg.
*den rechten großen Zeh des Kindes schütteln*

Und seine Frau.
*den linken großen Zeh des Kindes schütteln*

Die wollte ihn fangen!
*erschrocken die Hand wegnehmen*

Schnell den Holperweg zurückgegangen,
*auf dem linken Bein schnell zurück zur Hüfte „stolpern"*

wieder hoch auf den Berg
*schnell wieder auf den Bauch „wandern"*

und dann auf die Straße,
*schnell von der rechten Schulter den Arm „herunterfahren"*

ein Flugzeug genommen ...

*die eigene Hand windschnittig zum Flugzeug formen und von der linken Hand des Kindes seitlich eine große Runde über links auf die rechte Seite „fliegen";*
*das „Flugzeug" dabei mehrmals über der Nase des Kindes kreisen lassen ...*

Nun sitzt er auf deiner Nase.

*... und auf der Nasenspitze des Kindes „landen"*

## Tipp:

Beginnen Sie das Spiel mal bei der rechten und mal bei der linken Hand. Anfänglich werden wohl die wenigsten Kinder still liegen bleiben, denn es kitzelt. Das macht nichts, es soll ja Spaß machen.
Der „Floh" muss einen recht weiten Weg zurücklegen, wenn er über den ganzen Körper des Kindes trippelt. Das Kind nimmt so die Dimensionen seines ausgestreckten Körpers wahr.

# Luise, Luise



**Entwicklungsstand:** *von Anfang an*
**Lernschwerpunkt:** *Sensibilisierung*

Luise, Luise,
du hast so flinke Füße.
Luise, Luise,
so kleine flinke Füße.
Sie tragen dich kreuz und quer,
sie tragen dich hin und her
und immer ganz gerade
auf der Fadenpromenade.

Luise, Luise,
du hast so flinke Füße.
Luise, Luise,
so kleine flinke Füße.
Sie kennen sich aus,
das Netz ist ihr Haus.
Sie trippeln ganz gerade
auf der Fadenpromenade.

Luise, Luise,
du hast so flinke Füße.
Luise, Luise,
so kleine flinke Füße.
Sie tragen dich nach hier, nach dort,
derweilen spinnst du immer fort
den langen, langen Faden
für die Fadenpromenaden.

## So wird der Kribbelvers lebendig:

*Die kleine Spinne Luise kann auf dem ganzen Körper des Kindes ihr Netz spannen oder auch auf Ihrem Bein, Arm ... So kann das Kind besser schauen und lässt sich nicht vom Kitzeln ablenken.*
*Passen Sie Ihr Fingergetrippel den Angaben im Text an: mal kreuz und quer, hin und her, von hier nach dort, langsamer und schneller ...*

## Tipp:

Luise lässt sich auch gut vom Kind selbst umsetzen, z.B. auf Ihrem Körper oder auf dem Tisch. Dieses Spiel fördert die Feinmotorik. Daher wäre es auch ein schönes Fingerspiel, z.B. auf dem Tisch oder auf einem aufgemalten Spinnennetz.

# Hoch in die Luft

## KRIBBELVERSE …

**Entwicklungsstand:** *wenn das Kind sein Köpfchen alleine halten kann*
**Lernschwerpunkt:** *Bewegungsanregung*

Die Ausgangssituation für diese Anregung ist beliebig: Sie funktioniert im Liegen, Sitzen und Stehen. Entscheiden Sie dies ganz nach Ihren gemeinsamen Vorlieben und natürlich nach dem Entwicklungsstand des Kindes.

Hoch in die Luft, hoch in die Luft
fliegen die Arme, die Hände, die Finger.
Hoch in die Luft, hoch in die Luft,
lass sie noch einmal fliegen, die Dinger.

**Im Liegen:** *vorsichtig die kleinen Arme bewegen*
**Im Sitzen:** *die Arme durch die Luft sausen lassen*
**Im Stehen:** *die Arme bewegen, diese können den Körper in Bewegung bringen (z.B. drehen, springen)*

Hoch in die Luft, hoch in die Luft
fliegen die Beine, die Knie, die Füße.
Hoch in die Luft, hoch in die Luft,
schicken dir lustige Zehen-Grüße.

**Im Liegen:** *vorsichtig die kleinen Beine bewegen*
**Im Sitzen:** *die Beine durch die Luft sausen lassen*
**Im Stehen:** *auf den Po setzen und beide Beine bewegen oder im Stand die Beine einzeln in die Luft werfen*

Hoch in die Luft, hoch in die Luft,
jetzt fliegt der ganze kleine Fratz.
Hoch in die Luft, hoch in die Luft,
hui, er fliegt weg wie ein munterer Spatz.

**Im Liegen:** *das Kind in den Arm nehmen und durchs Zimmer fliegen*
**Im Sitzen:** *das Kind mehrmals hoch in die Luft heben*
**Im Stehen:** *gemeinsam durch den Raum springen, drehen, kreisen, wirbeln*

## Tipp:

Achten Sie hier auf Ihren Rücken. Heben Sie das Kind aus der Hocke mit geradem Rücken.

# Dreh dich, dreh dich

## KRIBBELVERSE …

**Entwicklungsstand:** *ab dem Halten des Köpfchens*
**Lernschwerpunkt:** *Bewegungsanregung*

Halten Sie das Kind auf dem Arm, oder stehen Sie gemeinsam im Raum, je nach Entwicklung des Kindes und nach Ausführungsmöglichkeit.

Dreh dich, dreh dich, rumdideldum.
Alles kreiselt um dich rum.
Noch ein bisschen schneller drehn.
Achtung! Achtung! Nun bleib stehn.

## So wird der Kribbelvers lebendig:

**Auf dem Arm:** *Sie drehen sich mit dem Kind durch den Raum, erst langsam, dann schneller, und am Ende bleiben Sie abrupt stehen. Achten Sie dabei aber auf das Köpfchen des Kindes.*

**Im Stand:** *Entweder drehen Sie sich beide jeder für sich immer schneller mit dem Vers, bis Sie am Ende beide abrupt stehen bleiben. Oder Sie fassen sich an den Händen und drehen sich gemeinsam im Kreis, bis Sie schließlich abrupt stehen bleiben. Erst dann lassen Sie die Hände voneinander los.*

## Tipp:

Diese kleine Bewegungsanregung macht nicht nur Spaß, sondern ist auch eine gute Erfahrung mit dem eigenen Gleichgewichtssinn. Wie gut kann man seinen Körper noch koordinieren und kontrollieren, wenn man sich wild im Kreis gedreht hat? Achten Sie aber immer darauf, dass sich das Kind, falls es ins Wanken gerät oder hinfällt, nicht an Möbeln oder anderen Dingen verletzen kann.

# Komm mal her

## KRIBBELVERSE …

**Entwicklungsstand:** *ab den ersten Schritten*
**Lernschwerpunkt:** *Bewegungsanregung*

Komm mal her, komm mal her,
komm zu mir gerannt.

*mit dem eigenen Zeigefinger das Kind zu sich locken*

Komm mal her, komm mal her,
reich mir deine Hand.

*eine Hand reichen und warten, bis das Kind sie gefasst hat*

Jetzt hopsen wir auf unseren Beinen
und fallen gar nicht um.
Wir halten unsere Hände fest,
denn wir sind ja nicht dumm.

*gemeinsam auf beiden Beinen springen*

Jetzt gehen wir in die Hocke.

*gemeinsam in die Hocke gehen*

Sehr gut! Ich möchte dich loben.

*Bewegungspause (Ein Lob ist sehr wichtig.)*

Nun richten wir uns wieder auf,

*sich wieder aufrichten*

und jetzt fliegst du nach oben!

*das Kind mit Schwung hoch in die Luft heben*

**Achtung:** *Bei dieser letzten Aktion achten Sie auf Ihren Rücken. Heben Sie das Kind aus der Hocke mit geradem Rücken.*

## Varianten:

Natürlich können Sie für die beiden „Jetzt ...“-Strophen alternative Verse mit anderen Bewegungen sprechen, z.B.:

Jetzt wackeln wir mal mit dem Po
und fallen gar nicht um.
...
Jetzt stehen wir auf einem Bein.
Sehr gut! Ich möchte dich loben.
Nun nehmen wir das andere Bein,
und jetzt fliegst du nach oben!

Oder:

Jetzt hopsen wir auf einem Bein
und fallen gar nicht um.
...
Jetzt drehen wir dich einmal um.
Sehr gut! Ich möchte dich loben.
Nun drehe ich dich noch zurück,
und jetzt fliegst du nach oben!

# Schwerkraftspiel

## KRIBBELVERSE …

**Entwicklungsstand:** *wenn das Kind selbstständig zufassen kann*
**Lernschwerpunkt:** *Sensibilisierung*

Dieses Spiel ist besonders für die Kinder interessant, die die Schwerkraft gerade erst entdecken: Fällt der Schlüsselbund auch beim fünfzehnten Mal runter und verursacht ein klirrendes Geräusch?

Baumel, baumel, baumel,
am Baum, da hängt ein Pflaumel.
Es hängt dort dick und munter,
doch heute fällt es runter.

## So wird der Kribbelvers lebendig:

*Nutzen Sie einfach alle kleinen Gegenstände in Ihrer Umgebung, die nicht kaputtgehen können, und lassen Sie diese nach dem „Baumeln" am Ende des Spruches herunterfallen. Und noch mehr Spaß macht es, wenn man dabei bis zum Ende der letzten Zeile warten muss …*

## Tipp:

Dieses Spiel ist auch zur Sensibilisierung von Unterschieden bestens geeignet. Wie fällt ein Bauklotz, ein Ball, eine Feder, ein Taschentuch, ein Kamm …? Wie hört sich das an?
Interessant wird es auch, wenn Sie für dieses Spiel Dinge verwenden, die nach dem Fall eine veränderte Form haben oder einen Sturz gar nicht erst überleben, wie z.B. Wasserballons oder Schneebälle.

# Nach Lernschwerpunkten auswählen …

## Kribbelverse zur Bewegungsanregung:

Kein Training, sondern die **Freude am Ausprobieren** sowie das **Entdecken des eigenen Körpers** mit seinen Möglichkeiten und Grenzen stehen bei diesen Kribbelversen im Mittelpunkt. Ja, Beine und Arme können schon viel, doch sie lassen sich auch sehr interessant „zergliedern“, und, nanu, je kleiner es wird, desto schwieriger wird es auch.



## Tipp:

Wenn Sie die **Feinmotorik** noch intensiver fördern möchten, dann werden Ihnen auch Fingerspiele viele Anregungen geben.

## Kribbelverse für die Feinmotorik:

Zur Schulung der **Feinmotorik, der Koordination und der Konzentration** sind **Fingerspiele** bestens geeignet. Doch sind sie auch sehr praktisch, da man sie wirklich immer und **überall spielen** kann. Das Spiel mit den (mit Ihren) Fingern macht auch schon den Allerkleinsten Freude, denn die Bewegungen einer Hand sind viel besser erfassbar und mit dem Auge zu verfolgen als die Bewegung eines Armes. Und bitte, wenn Ihnen zu einem Text eine weitere Variante der Finger einfällt, umso besser. Vielleicht haben Sie ja auch Lust, selbst zu texten?



## Tipp:

Das Spiel *Luise, Luise* (S. 60) können Sie auch zu einem Fingerspiel machen.

## Kribbelverse zur Sensibilisierung:

Bewegung und Berührungen gehen unter die Haut. Diese Kribbelverse haben ihr Hauptaugenmerk auf der Sensibilisierung (physisch und psychisch): den Körper spüren, die Sinne schärfen, Unterschiede in Berührungsintensität, Tempo, Lautstärke und Sprachrhythmus wahrnehmen, kleine Vorgänge erfassen und entdecken, dass Mamas Finger auf dem Arm ganz anders kitzeln als auf dem Bauch, und bei Papas Fingern ist das wieder anders. Sensibilisieren heißt hier aber auch Vertrauen/Vertrautheit schaffen zwischen Kind und Erwachsenem, ganz nach dem Motto *Ich und du – du und ich.*

## Kribbelverse für die Sprachentwicklung:

Bis zum dritten Lebensjahr ist die Entwicklung der Sprache ein wichtiges Thema – vom Beobachten von Mündern und Zungen über das eigene Ausprobieren bis zum Formen eines Satzes. Unterstützen Sie Ihre Kinder bei der Entwicklung der Sprache, etwa durch Kreatives, Außergewöhnliches, Lustiges, sich Reimendes. Diese neun Verse sind besonders dazu geeignet.

Verlag an der Ruhr

Alexanderstraße 54
45472 Mülheim an der Ruhr

Telefon 05 21 / 97 19 330
Fax 05 21 / 97 19 137

bestellung@cvk.de
www.verlagruhr.de

Es gelten die Preise auf unserer Internetseite.

**Guten Morgen, guten Morgen, wir winken uns zu!**

**Singezeilen für Babys und Krippenkinder**

Antje Bostelmann (Hrsg.), Klax gGmbH

88 S., A5 quer, Spiralbindung, farbig, mit Audio-CD

ISBN 978-3-8346-0604-4

**Best.-Nr. 60604**

**16,80 € (D)**/17,30 € (A)/29,50 CHF

**Kleine Spiele zum Großwerden für Babys**

**Jeden Entwicklungsschritt gezielt begleiten**

Jackie Silberg

241 S., 16 x 23 cm, Paperback

ISBN 978-3-8346-0467-5

**Best.-Nr. 60467**

**19,80 € (D)**/20,35 € (A)/34,70 CHF

**Kleine Spiele zum Großwerden für 1-jährige**

**Jeden Entwicklungsschritt gezielt begleiten**

Jackie Silberg

241 S., 16 x 23 cm, Paperback

ISBN 978-3-8346-0468-2

**Best.-Nr. 60468**

**19,80 € (D)**/20,35 € (A)/34,70 CHF

**Kleine Spiele zum Großwerden für 2-jährige**

**Jeden Entwicklungsschritt gezielt begleiten**

Jackie Silberg

241 S., 16 x 23 cm, Paperback

ISBN 978-3-8346-0469-9

**Best.-Nr. 60469**

**19,80 € (D)**/20,35 € (A)/34,70 CHF

**Keiner darf zurückbleiben**